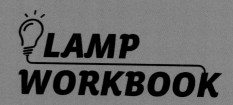

LAMP WORKBOOK

KB124583

LAMP WORKBOOK

PART 5 EE

Examination Preparation
Enhancement Program

시험준비 능력
향상 프로그램

박동혁 저

학지사

만일 우리가 사막 한가운데 홀로 남게 되었다고 생각해 봅시다. 당장의 생존을 위해, 물, 음식, 잠자리를 찾아 헤매게 될 것입니다. 하지만 사막에 대한 지식이 전혀 없다면 생존을 위한 모든 시도는 오히려 생명에 위협이 될 수 있습니다. 그런데 이때 그 지역을 아주 잘 알고 있는 사람이 나타나 자신의 지식을 전달해 준다면 어떨까요? 아마도 살아남는 것은 물론이거니와 안전한 길을 찾아 사막을 빠져나올 수 있을 것입니다.

사람이 가진 배움의 능력은 어려움에 처했을 때 그 문제를 해결할 수 있는 힘이 됩니다. 더 나아가 자신의 잠재력을 개발하고 자기실현을 할 수 있는 유일무이한 수단이기도 합니다. 그렇기에 성장을 위한 배움은 즐겁고 기쁜 경험이며, 그럴 때 비로소 배움의 의미를 느낄 수 있습니다.

공부와 학습이 갖는 이런 중요한 의미를 알기 때문에 오랫동안 교육/심리학자들은 공부를 잘하는 사람의 특징을 찾기 위해 애써 왔습니다.

그간의 연구결과를 요약하자면, 꾸준히 좋은 학업성취를 하는 사람은 두 가지 특징을 가지고 있습니다. 그것은 바로 **즐겁게, 전략적으로 공부한다는 것**입니다. 이런 특징들을 우리는 '자기주도학습'이라고 부릅니다.

즐거운 공부는 자발적인 목표설정과 동기에 의해 좌우되며, 전략적 공부는 습관에 따라 결정됩니다. 학년이 올라갈수록 이런 특징들의 중요성은 지능을 압도할 만큼 커집니다.

동기와 공부습관은 지능과 달리 선천적인 것이 아니며, **일정 기간의 훈련이나 연습에 의해 상당한 변화가 가능합니다.**

이러한 과정은 마치 근육을 키우기 위해 운동을 하는 것에 비유할 수 있습니다. 처음에는 힘들고 어색하지만, 효과적인 방법이 무엇인지 이해한 후, 그것을 습관이 될 때까지 꾸준히 적용하면 자신의 삶에 분명한 결과를 가져다줍니다.

본 프로그램은 여러분들의 목표의식과 공부습관을 향상시키기 위한 목적으로 만들어졌으며, 1권-동기 및 목표 향상 프로그램(ME 과정), 2권-시간관리 능력 향상 프로그램(TE 과정), 3권-집중력 향상 프로그램(CE 과정), 4권-정보처리 능력 향상 프로그램(IE 과정), 5권-시험준비 능력 향상 프로그램(EE 과정) 총 5가지 주제로 구성되어 있습니다.

이 프로그램을 접하는 청소년 여러분에게 이 기회를 통해 수동적이고 지겨운 공부에서 벗어나 주도적이고 즐거운 공부를 경험할 수 있는 계기가 되기를 간절한 마음으로 기대해 봅니다.

마음은 배움의 힘을, 배움은 마음의 힘을 키워 줍니다. 우리는 그 힘을 믿습니다.

심리학 박사 박동혁

CONTENTS

1 시험을 준비하는 기본 자세
시험준비의 기본원칙

2 반복, 분산 학습에 따른 시험계획 세우기
시험계획 세우기

? Awareness 인식 단계　**!** Choose alternatives 대안탐색 단계　**✓** Take action 연습/훈련 단계

3

시험에 당당해지는 방법

시험불안 감소전략

4

실수를 통해 성장하는 시험관리법

오답노트의 작성과 스트레스를 다루는 방법

시험을 준비하는 기본 자세

시험준비의
기본원칙

우리는 흔히 아주 힘들고 어려운 일을 '산고(産苦)'라고 하여 아이 낳는 일에 비유하곤 합니다. 지금이 야 의학이 발전해서 산부인과에서 비교적 수월하게 아이를 낳고는 있지만, 과거에는 많은 엄마들이 아 이를 낳다가 죽기도 하였습니다.

왜 갑자기 아이 낳는 이야기냐구요? 바로 시험 보는 일이 아이를 가지는 것만큼이나 힘든 일이라는 연 구 결과가 있기 때문입니다. 미국의 홈스라는 사람은 평소 일상생활 속에서 받는 스트레스를 비교하는 기준으로 '사회재적응평가척도'를 만들었습니다. 여기서는 사람이 결혼할 때 받는 정신적 스트레스를 50으로 정해놓고 이 수치를 기준으로 다른 스트레스 유발 요인들의 강도를 지수화해 비교합니다. 우 리나라에서는 이 척도에 따라 스트레스 순위를 실험한 결과 '입학시험, 취직시험 실패'가 스트레스지수 37을 기록해 22위에 오른 적이 있습니다. 시험실패가 주는 스트레스가 임신(37)과 강도가 같고 유산 (38)이나 직업전환(43), 해외취업(39)과 엇비슷했습니다.

— 시험이 주는 스트레스는 왜 이렇게 엄청날까요? 우리나라에서의 시험은 실제로 내가 공부한 내 용을 단순히 점검하는 정도일 뿐만 아니라 '그 사람이 어떤 사람인지 알려주는 잣대'이자 '인생의 성 공 혹은 실패 여부'를 결정해줄 정도로 강력한 역할을 하기 때문입니다.

이렇듯, 시험이 주는 스트레스는 엄청난 데 비해, 여기에 어떻게 대처해야 하는지를 배우기는 쉽지 않습니다. 하지만 시험일지라도 잘 알고 대처하면 걱정을 줄일 수 있습니다. 함께 시험에 대해서 알 아볼까요?

★ 이번 시간에 배울 내용

• 나에게 있어 시험이 의미하는 것은 무엇일까?   • 시험준비는 언제, 어떻게 해야 하는 것일까?

• 시험의 긍정적인 측면은 무엇일까?

시험 스트레스 확인해보기

● 다음은 내가 시험에 대해서 어떻게 생각하고 있는지 알아보기 위한 문항들입니다. 각 문항을 읽고 자신에게 해당되는 곳에 ∨표 하세요.

문 항	∨표
1. 시험 전날 꾀병을 부린 적이 있다.	
2. 시험 주간만 되면 몸이 아프다(두통, 소화불량).	
3. 시험 성적이 두려워서 부모님에게 거짓말을 해본 적이 있다.	
4. 시험 성적을 친구들과 비교하면서 절망한 적이 있다.	
5. 아무리 노력해도 성적이 오르지 않아 너무 힘들다.	
6. 성적표 받아보는 게 끔찍하다.	
7. 시험 보는 게 너무 싫다.	
8. 시험 성적 때문에 죽고 싶은 생각을 해본 적이 있다.	

총 개수 :

● ∨ 표시한 문항의 개수를 세어보세요. 여러분의 시험 스트레스는 어느 정도인가요?

(1~2개) ⟶ 시험에 대한 부담감이 적은 편이지만, 주의해야 합니다.

(3~4개) ⟶ 시험에 대한 부담감이 많은 편입니다.

(5~6개) ⟶ 시험에 대한 부담감이 심한 수준입니다.

(7~8개) ⟶ 시험에 대한 부담감이 극심한 수준입니다.

시험에 대한 나의 태도는?

● '시험' 하면 제일 먼저 떠오르는 생각 혹은 느낌은 어떤 것이 있나요?

● 시험과 관련된 에피소드(episode)를 발표해봅시다.

● 시험을 보는 이유와 시험을 통해 얻을 수 있는 것은 무엇이 있을까요?

나의 시험 경험은?

● 시험에서 <u>성공</u>했다고 여겼던 때는 언제인가요? 왜 그렇게 생각하나요?

● 시험에서 <u>실패</u>했다고 여겼던 때는 언제인가요? 왜 그렇게 생각하나요?

나에게 있어 시험이 의미하는 것은?

● 다음 질문에 √표 해보세요. 다 한 후, A 질문의 합과 B 질문의 합을 각각 더하여 가운데 표에 기록해보세요.

질문 A	√표
보상을 받으니까(게임기, 최신 핸드폰, 용돈 등)	
남들에게 인정받기 위해	
누구보다 잘하지 못하면 창피하니까	
시험을 잘 보지 못하면, 무언가(핸드폰, PC게임 등)를 빼앗기니까	
질문 B	√표
내가 모르는 부분이 어딘지 알 수 있으니까	
내가 얼마만큼 공부했는지 확인해볼 수 있으니까	
지난번 시험과 비교해서, 내가 어느 정도 나아졌는지 알기 위해	
내가 이번에 한 공부 전략이 효과가 있는지 확인해보기 위해	

> A, B 각각의 질문에 대한 합을 더하여 아래에 표시해봅시다.
  어느 쪽 점수가 더 높은가요?

A				B			
4	3	2	1	1	2	3	4

> A와 B 중에 어떤 사람이 더 시험 때 긴장하고 불안할까요?
  그 이유는 무엇일까요?

평소 시험준비 기간 및 방법 정리

● **준비 기간**

중간고사나 기말고사와 같은 중요한 내신 시험 기준으로 어느 정도 기간을 가지고 시험을 준비하나요? 아래에 표시해봅시다.

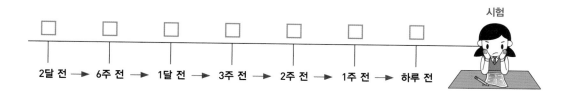

● **준비 기간 평가**

자신의 준비 기간이 적당한지 아닌지 아래 그림에서 골라보세요.

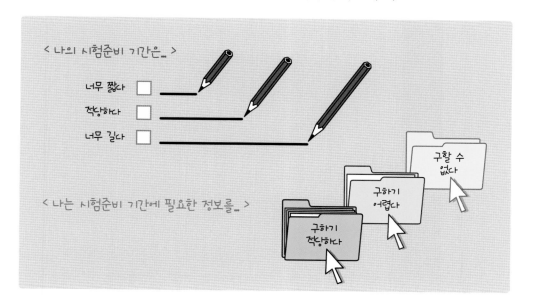

> 만일 준비 기간이 적당하지 않았다면, 앞으로는 어느 정도 기간이 좋을까요?

_____ 주

이전 시험성적 정리 & 성적 목표의 재설정

높이 점프하려면 발 밑의 땅을 힘껏 디뎌야 합니다. 만일 발 밑에 무엇이 있는지 알지 못한다면 점프는커녕 그 자리에 넘어질 수도 있습니다. 지금 내가 서 있는 곳은 어디인지 먼저 정리해봅시다. 아래 빈칸에 과목명을 적고, 그 위에는 자신의 성적을 표시하여 그래프로 그려봅시다.

● **실제 나의 성적을 표시해봅시다.**

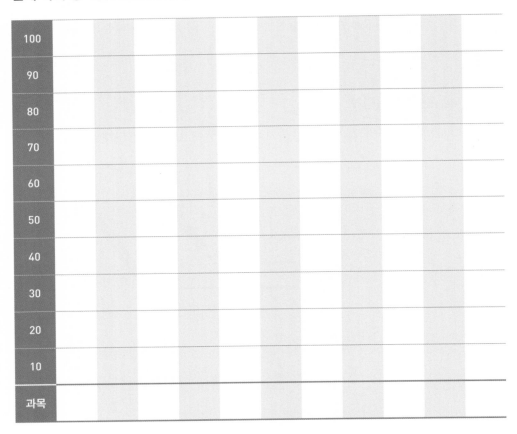

> 지난번 성적 평균 점수는? _____ 점

과목별 목표 설정, 과목별 학습전략의 수립

전체 평균을 향상시키는 것이 이번 시험의 목표라면, 다음 중 어떤 과목을 집중적으로 공부하는 것이 좋을까요? 하나를 골라서 체크해봅시다.

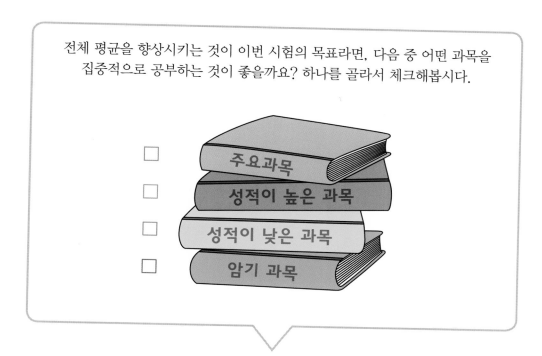

□ 주요과목

□ 성적이 높은 과목

□ 성적이 낮은 과목

□ 암기 과목

점수를 올리고 싶은 과목을 2~3 과목 정하고,
어떻게 공부하면 좋을지 공부방법까지 자세히 적어봅시다.

과목명	공부 방법

시험이 발표되면 해야 할 일 (시험 정보 모으기)

- **시험에 대한 정보탐색**

  시험 기간에 꼭 알아두어야 하는 시험 관련 정보들은 무엇일까요?

- 시험범위는 어디까지인가?

- 시험범위 중 특별히 중요한 부분은 어디인가?

- 시험 문제 유형은 어떤가? (객관식, 단답형, 서술형)

- 총 몇 문제가 출제되는가?

- 한 문제에 몇 점씩인가?

- 어느 유형의 문제에 더 많은 배점이 주어지는가?

이러한 정보들 외에 또 시험에 관한 어떤 것들을 알고 있으면 좋을까요?

- ●
- ●

ex 〈시험 정보〉

일시	과목	시험범위	문제유형 및 배점	기타
첫째 날 (4월 31일)	1교시 : 국어	1단원 ~ 3단원 (총 100페이지)	단답식 20 (4점) 서술식 4 (5점)	
	2교시 : 기술 / 가정	2과 ~ 4과 (총 60페이지)	단답식 20 (4점) 서술식 4 (5점)	수행평가 10%
둘째 날 (5월 1일)	1교시 : 수학	pp. 1 ~ 66	단답식 20 (4점) 서술식 4 (5점)	
	2교시 : 한문	1과 ~ 5과 (총 20페이지)	단답식 20 (4점) 서술식 10 (2점)	
셋째 날 (5월 2일)	1교시 : 영어	1과 ~ 4과 (총 50페이지)	단답식 20 (4점) 서술식 10 (2점)	독해 10문제
	2교시 : 도덕	pp. 1 ~ 60	단답식 20 (4점) 서술식 4 (5점)	
넷째 날 (5월 3일)	1교시 : 사회	pp. 1 ~ 50	단답식 20 (4점) 서술식 4 (5점)	
	2교시 : 과학	pp. 1 ~ 50	단답식 20 (4점) 서술식 4 (5점)	

나의 시험 정보를 정리해봅시다!

〈시험 정보〉

일시	과목		시험범위	문제유형 및 배점	기타
첫째 날 (월 일)	1교시				
	2교시				
	3교시				
둘째 날 (월 일)	1교시				
	2교시				
	3교시				
셋째 날 (월 일)	1교시				
	2교시				
	3교시				
넷째 날 (월 일)	1교시				
	2교시				
	3교시				

시험준비 자료의 사용

● **시험준비를 할 때 가장 많이 사용하는 자료는 어떤 것인가요? 시험준비를 다 마친 상태가 100%라고 했을 때, 각각 몇 %씩 활용하는지 적어봅시다.**

*표시한 모든 내용을 다 합했을 때 100%가 되어야 합니다.

· 교과서	( )
· 내가 정리한 노트	( )
· 선생님이 나눠주신 프린트	( )
· 참고서	( )
· 문제집	( )
· 학원(또는 과외) 선생님의 최종 정리	( )
· 기타 ( )	( )
	100%

> 현재 내가 시험자료를 활용하고 있는 방식이 얼마나 효과적인가요?
> 그 이유는 무엇인가요?

시험준비 자료의 장점

시험준비 자료의 종류	구체적으로 기록해봅시다
선생님이 나눠주신 프린트	
내가 정리한 노트	
교과서	
참고서	
문제집	
학원 선생님의 최종 정리	
기타 나만의 공부재료	

> 우리 조원들이 제일 많이 활용하는 시험준비 자료는 무엇인가요?
> 반대로 제일 소홀한 시험준비 자료는 무엇인가요?
> 그 이유는 무엇일까요?

시험준비의 기본원칙

★ 우리는 시험을 볼 때 긴장하고, 걱정을 합니다. 긴장이나 걱정을 하게 되면 사람들은 여기에 대비하기 위해서 준비를 합니다. 다만, 시험준비 기간의 측면에서 볼 때 1달 이상이면 너무 길고, 1주 미만이면 너무 짧습니다. 그렇기 때문에 시험 정보 수집도 가능하고, 긴장감 있게 공부할 수 있는 ☐ ～ ☐ 주 전부터 준비하는 것이 중요합니다.

★ 시험을 준비할 때는 여러 가지 준비물들이 있습니다. 무엇을 가지고 공부를 하느냐 하면, 기본적으로는 ☐☐☐. ☐☐, 선생님이 나눠주신 ☐☐☐ 가 있으며, 추가적으로는 ☐☐☐, ☐☐☐, ☐☐☐☐ 를 가지고 준비하는 것이 좋습니다.

★ 시험준비를 할 때는 아래와 같은 내용을 알고 있는 것이 중요합니다.

- ☐☐☐☐ 는 어디까지인가?

- 시험범위 중 특별히 중요한 부분은 어디인가?

- 시험 문제 ☐☐ 은 어떤가? (객관식, 단답형, 서술형)

- 총 몇 문제가 출제되고, 문제당 배점은 어떻게 되는가?

- 어느 유형의 문제에 더 많은 ☐☐ 이 주어지는가?

과 제

시험 정보 모으기 양식 완성하기

공부 목표 ▶ 평균 ( )점에서 ( )점으로!		
과목	내용	범위 & 방법
과목 ( )	공부목표	( )점에서 ( )점으로
	공부재료	• 교과서 [pp. ~ pp.] • 노트 혹은 기타 [ ] • 참고서 [pp. ~ pp.] • 문제집 [pp. ~ pp.]
	방법	▶ ▶ ▶
과목 ( )	공부목표	( )점에서 ( )점으로
	공부재료	• 교과서 [pp. ~ pp.] • 노트 혹은 기타 [ ] • 참고서 [pp. ~ pp.] • 문제집 [pp. ~ pp.]
	방법	▶ ▶ ▶
과목 ( )	공부목표	( )점에서 ( )점으로
	공부재료	• 교과서 [pp. ~ pp.] • 노트 혹은 기타 [ ] • 참고서 [pp. ~ pp.] • 문제집 [pp. ~ pp.]
	방법	▶ ▶ ▶
과목 ( )	공부목표	( )점에서 ( )점으로
	공부재료	• 교과서 [pp. ~ pp.] • 노트 혹은 기타 [ ] • 참고서 [pp. ~ pp.] • 문제집 [pp. ~ pp.]
	방법	▶ ▶ ▶
과목 ( )	공부목표	( )점에서 ( )점으로
	공부재료	• 교과서 [pp. ~ pp.] • 노트 혹은 기타 [ ] • 참고서 [pp. ~ pp.] • 문제집 [pp. ~ pp.]
	방법	▶ ▶ ▶

2

반복, 분산 학습에 따른
시험계획 세우기

시험계획 세우기

여러분은 '시험'하면 무엇이 떠오르나요?

맞서 싸워야 할 적인가요? 아니면 도망치고 싶은 무서운 존재인가요? 나의 실력을 테스트해볼 수 있는 재미있는 게임인가요?

아무래도 시험은 즐겁기보다는 어렵고 힘들게 느껴지는 친구들이 많을 거예요. 시간은 부족하고 공부할 과목은 산더미처럼 몰려오고, 마치 전쟁터에 내몰린 것 같은 기분이 든 적도 있을 텐데요. 입시전쟁이라고 불릴 만큼 치열한 우리나라의 교육 현실 속에서 시험은 마치 전쟁 같고, 시험 보러 갈 때는 비장한 각오로 임하게 되곤 합니다.

전쟁, 그중에서도 해전에서 유명한 이순신 장군의 명량대첩 이야기를 들어본 적이 있을 겁니다. 명량대첩은 1597년(선조 30년) 9월 정유재란 때 조선 수군 13척이 명량에서 일본 수군 133척을 쳐부순 해전입니다. 이 싸움으로 조선은 일본으로부터 다시 해상권을 회복할 수 있었죠. 어떻게 이렇게 적은 병력을 가진 불리한 상황에서 일본군을 크게 무찌를 수 있었을까요?

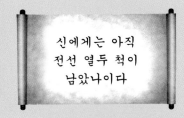

바로 이순신 장군의 전략과 전술이 있었기 때문이었습니다. 이순신 장군은 1:10의 열세를 극복하기 위해서 바다와 육지가 맞닿은 좁은 해협으로 일본군을 끌고 옴으로써 상대의 힘을 축소시키고, 유인하여 함포공격을 퍼부었습니다. 그 결과 조선 수군은 단 1척도 피해를 입지 않았고, 전사자 2명과 부상자 2명만 발생했을 뿐이었습니다.

- 그럼 전쟁과 같은 시험, 도대체 어떻게 준비해야 할까요? 전쟁에도 전략과 전술이 필요하듯이 시험도 무작정 준비하는 것이 아니라, '시험'을 제대로 대비하기 위한 전략과 전술이 필요합니다. 시험은 어떻게 준비하고 계획해야 할지 지금부터 알아보도록 합시다.

★ 이번 시간에 배울 내용
- 시험계획은 어떻게 세우는 것일까?
- 공부 분량은 어떻게 나누는 게 좋을까?
- 반복학습과 분산학습은 무엇일까?

나의 시험보기 요령 지수는?

● 다음은 나의 시험보기 요령을 알아보기 위한 문항들입니다. 각 문항을 읽고 자신에게 가장 적합하다고 생각되는 곳의 해당 번호에 ∨표 하세요.

문 항	∨표
1. 시험범위와 시험 날짜에 대해 정확히 알고 있다.	
2. 항상 시험 계획을 꼼꼼히 세운다.	
3. 어떤 문제가 시험에 나올지 대충 예상할 수 있다.	
4. 시험 볼 때 최선을 다한다.	
5. 시험 볼 때 실수하지 않는다.	
6. 시험 전에 제대로 공부했는지 확인하기 위하여 문제 풀이를 꼭 해본다.	
7. 시험 볼 때 시간에 쫓기지 않는다.	
8. 시험이 끝나면 틀린 문제가 무엇인지 반드시 확인한다.	

총점 : _____

● 체크된 항목 모두 각각 1점으로 계산해서 총점을 내보세요.

(2점 이하) ➞ 시험준비에 있어 고쳐야 할 습관이 더 많아요

(3~4점) ➞ 시험 보는 요령을 익히기 위해 조금 더 노력해야겠어요

(5~6점) ➞ 시험준비에 관한 좋은 습관이 많은 편이네요

(7~8점) ➞ 시험준비를 아주 잘하고 있어요

나의 시험공부 스타일은?

● **여러분은 평소 시험공부를 어떤 식으로 하나요?**

계획은 어떻게 세우는지, 실천은 잘되는지, 나만의 시험 준비 비법은 무엇인지 등을
아래에 구체적으로 적어봅시다. 다 적은 후, 친구들이 하고 있는 것과 어떻게 다른지
비교해봅시다.

나의 시험공부 방법은?

시험계획을 잘 세우기 위한 전략 – 분산학습

여러분은 시험이 다가오면 어떻게 시험준비 계획을 세우나요?
계획을 제대로 세워놓지 않으면 '벼락치기'를 하게 되어 결과도 만족스럽지 못할 뿐 아니라, 시험에 대한 스트레스도 많이 받게 됩니다. 그럼 지금부터 시험계획을 효과 적으로 세울 수 있는 전략에 대해서 알아봅시다.
시험공부를 할 때는 꼭 잊지 말아야 할 원칙 두 가지가 있습니다.

● **분산학습**

분산학습은 한 번에 몰아서 하지 않고 나누어서 공부하는 것을 의미합니다. 예를 들 어, 하루에 한 과목의 시험공부를 모두 끝내려는 것은 몰아서 공부하기에 해당됩니 다. 벼락치기가 바로 그런 거겠죠. 그럼, 왜 몰아서 하는 것보다 나누어서 공부하는 것이 좋을까요?

▶ 한 번에 많은 양을 공부하면 ☐☐☐ 이 떨어지기 때문입니다.

운동을 할 때, '오늘은 팔운동만 해야지.' 하고 계속해서 팔만 사용하면 얼마 못하고 지치게 되듯이, 비슷한 내용을 오랜 시간 붙들고 있으면 뇌가 훨씬 쉽게 피로해집니다. 수학을 일정 시간 공부하고 잠시 쉰 다음 국어를 공부하고, 그다음에는 과학을 공부하는 식으로 서로 성 질이 다른 과목을 골고루 섞어서 공부하면 같은 양이라도 훨씬 잘 집중할 수 있습니다.

▶ 몰아서 공부하면 ☐☐ 이 잘되지 않기 때문입니다.

하루 세 끼에 나누어 먹어야 할 음식을 한 번에 먹게 되면 소화가 되지 않듯이, 한 번에 많은 양의 정보가 머릿속에 들어오면 장기기억으로 넘어가지 않습니다. 자주자주 나누어 넣어줘야 알맞게 소화할 수 있습니다.

시험계획을 잘 세우기 위한 전략 – 반복학습

● **반복학습**

반복학습은 <u>같은 내용을 여러 번 공부하는 것</u>을 말합니다.

> 분산학습이 공부의 '양'에 대한 것이라면 반복학습은 공부의 ☐☐ 에 대한 것입니다. 한 번 공부한 내용은 시간이 지나면 조금씩 머릿속에서 사라집니다.

> 오래 기억할 수 있는 유일한 방법은 공부한 내용이 사라지기 전에 다시 ☐☐ 하면서 기억을 단단하게 다지는 것입니다.

> 적어도 ☐ 번 정도는 반복해서 공부해야 외우려는 내용들이 안전하게 시험 때까지 머릿속에 남게 됩니다.
> 또 이렇게 공부하면 시험이 끝난 후에도 기억할 수 있습니다.

분산학습과 반복학습, 이 두 가지 학습원리를 잘 지켜 시험계획을 세운다면, 좋은 결과를 얻을 수 있을 것입니다.

반복학습, 분산학습을 적용해서 계획을 세워보자!

● 그럼 앞에서 살펴본 반복학습과 분산학습을 적용해서 간단한 연습을 해봅시다.

예를 들어, 6일 후에 사회와 국어 시험이 있다고 가정해봅시다. 시험범위가 각각 90쪽이라면 어떻게 시험계획을 세워야 할까요? 아래 표에 한번 만들어봅시다.

첫째 날	둘째 날	셋째 날

넷째 날	다섯째 날	D-1

시험

분산학습, 반복학습의 원리를
효과적으로 적용한 시험준비 계획

6 : 3 : 1 전략

시험일까지 남아 있는 기간을 6:3:1의 비율로 나누어 준비하는 것을 의미합니다.

우선, 시험 보기 전날에는 최종정리를 하는 시간을 가져야 합니다. 따라서 시험 보기 전날까지는 시험범위 전체를 두 번 정도는 볼 수 있도록 시험계획을 세우는 것이 좋습니다. 아래 예시와 같이 처음에 최종정리 계획을 시험 보기 전날에 세웁니다. 그리고 6:3:1 정도의 비율에 맞춰서 시험범위 전체 공부하기와 한 번 공부한 것을 반복하도록 시험계획을 세웁니다.

첫째 날	둘째 날	셋째 날	넷째 날	다섯째 날	D-1	
사회 앞 30쪽 국어 앞 30쪽	사회 중간 30쪽 국어 중간 30쪽	사회 뒤 30쪽 국어 뒤 30쪽	사회 전반 45쪽 국어 전반 45쪽	사회 후반 45쪽 국어 후반 45쪽	사회, 국어 최종정리	시험

● 그렇다면 6 : 3 : 1의 기간 동안에 각각 어떤 방법으로 공부하는 게 효과적일까요?

시험 전 남아 있는 기간	해야 할 일	공부 재료	공부방법
60%	시험범위 전체를 정리하여 ⬜ ⬜ 및 ⬜ ⬜ 를 한다.	1 _____ 2 _____ 3 _____ 4 _____	정독하기, 이해하기, 요약하기
30%	요약 및 정리된 문서를 다시 읽고, ⬜ ⬜ 하고 ⬜ ⬜ ⬜ ⬜ 를 한다.	1 _____ 2 _____ 3 _____	문제풀이, ⬜ ⬜ ⬜ ⬜ 만들기
10%	암송 및 암기 최종 확인, 오답 중 이해 못한 부분 다시 정리	1 _____ 2 _____	틀린 부분이나 중요한 부분만 확인하기, 암송하기

과목을 나누는 방법

● 어떤 과목부터 먼저 공부하는 게 좋을까요?

"주요과목 & 암기과목 배치"

주요과목은 다른 과목에 비해 성적에 반영되는 비중도 높고
분량도 많으니까 준비기간을 더 길게 잡아야 할 것 같아.
그러니까 암기과목보다 주요과목을 먼저 공부하는 것이
좋다고 생각해.

"어려운 과목 & 쉬운 과목"

어려운 과목을 공부할 때 시간이 더 오래 걸리잖아.
쉬운 과목부터 공부하면 나중에 어려운 과목 공부할 시간이
부족해져. 충분히 시간이 있어서 마음이 편할 때
어려운 과목부터 공부해야지~

"시험 보는 날의 순서를 고려"

시험일정에 따라서 공부순서를 정하는 게 좋은 것 같아.
먼저 시험 보는 과목들부터 공부하는 거지.
그러면 실제로 시험 보는 일정과 비슷한 순서로 공부하니 더
기억도 잘 날 테고, 뒤에 보는 과목들은 시험기간에도 공부할
시간이 있어서 벼락치기 안 하고 반복해서 볼 수 있잖아.

● 나에게 맞는 방법은 어떤 것인가요? 그 이유는?

시험계획 짜기 실습

지금까지 배운 **6** : **3** : **1** 원칙과 공부방법을 바탕으로 실제로 계획을 세우는 연습을 해봅시다. 만일 시험과목과 범위가 아래와 같다면 어떻게 계획을 세워야 할지 생각해봅시다.

시험 일정표	• **첫째 날** : 국어, 사회 • **둘째 날** : 영어, 수학
시험과목 및 범위	• **국어** : 1단원 ~ 3단원 / pp. 1 ~ 90 • **수학** : 1단원 ~ 2단원 / pp. 1 ~ 60 • **영어** : 1단원 ~ 3단원 / pp. 1 ~ 90 • **사회** : 1단원 ~ 3단원 / pp. 1 ~ 60

● **교재 뒷면에 있는 스티커를 활용해서 아래 제시된 계획표에 계획을 세워 붙여봅시다.**
공부 범위가 씌어져 있지 않은 스티커에는 괄호에 직접 작성해도 됩니다.

*색깔별로 나뉜 부분은 각각 6의 기간, 3의 기간, 1의 기간을 의미합니다.

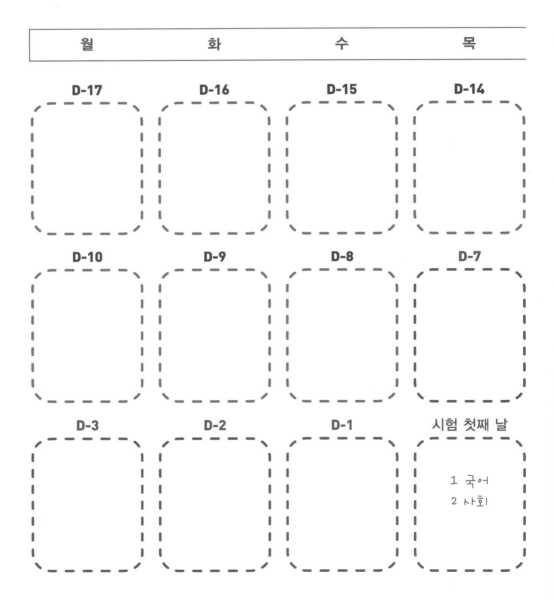

월	화	수	목
D-17	D-16	D-15	D-14
D-10	D-9	D-8	D-7
D-3	D-2	D-1	시험 첫째 날

시험 첫째 날:
1 국어
2 사회

금	토	일

D-13

D-12

D-11

6의 기간, 어떻게 공부할까?

D-6

D-5

D-4

3의 기간, 어떻게 공부할까?

시험 둘째 날

1 영어
2 수학

1의 기간, 어떻게 공부할까?

계획이 밀렸을 때의 대처방법

● **나의 경우, 계획이 밀리는 이유는 무엇인가요?**

● **계획이 밀렸을 때의 해결방법**

그럼 이런 경우에는 어떻게 대처하는 것이 좋을까요?

실패하는 이유		해결방법
무리한 계획을 세우는 경우	>	
세운 계획을 잊어버리는 경우	>	
집중도가 떨어지는 경우	>	
시험계획이 밀려서 못한 부분의 분량이 너무 많은 경우	>	
그 외 다른 경우	>	

시험계획 세우기

★ 시험계획을 세울 때는 ☐☐ 학습과 ☐☐ 학습의 전략을 사용합니다.
분산학습은 한 번에 몰아서 하지 않고 나누어서 공부하는 것을 의미하며,
반복학습은 같은 내용을 여러 번 공부하는 것을 말합니다.

★ 시험계획은 ☐ ～ ☐ 주 정도 전에 미리 체계적으로 세우는 것이 효과적입니다.
분산학습과 반복학습의 원리를 적용하여 시험 시작일까지 남아 있는 기간을
☐ : ☐ : ☐ 의 비율로 나누어 준비하는 방법을 쓸 수 있습니다.

★ 시험계획이 자꾸 밀릴 때는 ☐☐☐☐ 에 대해 먼저 살펴보아야 합니다.
계획을 실천하는 데 자꾸 실패하게 되는 주된 원인들로는 무리한 계획을 세우는 경우,
세운 계획을 잊어버리는 경우, 집중도가 떨어지는 경우, 시험계획이 밀려서 못한 부분의
분량이 너무 많은 경우 등이 있습니다.

★ 시험계획을 잘 실천할 수 있도록 자신에게 맞는 정확한 ☐☐ 를 정하는 것이
중요하고, 잊어버리지 않도록 시간표를 눈에 잘 띄는 곳에 붙여두거나, 다른 가족들에게
시간표를 공개해서 도움을 받는 것이 도움이 됩니다. 또한 집중이 잘되는 공부환경을
만드는 것이 중요합니다. 만약 시험계획이 밀리면 못한 부분까지 한꺼번에 다 하려고
하지 말고 오늘 계획 부분부터 해 나가는 것이 좋습니다.

시험계획 세우기

- 여러분이 앞두고 있는 실제 시험에 맞추어 정리한 시험일정표를 보면서 아래 주어진 달력에 옮겨봅시다.
  우선 시험 보는 날짜를 표시하고 6 : 3 : 1의 전략에 맞추어 반복학습을 할 수 있도록 시험계획을 세워봅시다.

MON		TUE		WED		THU		FRI		SAT		SUN	
월	일	월	일	월	일	월	일	월	일	월	일	월	일

MON		TUE		WED		THU		FRI		SAT		SUN	
월	일	월	일	월	일	월	일	월	일	월	일	월	일

MON		TUE		WED		THU		FRI		SAT		SUN	
월	일	월	일	월	일	월	일	월	일	월	일	월	일

- 이제까지 세운 계획은 시험을 준비하기 위한 커다란 전략과 지침에 해당됩니다.
  이제 남은 일은 '언제, 무엇을, 얼마나' 할 것인지를 정확하게 기록하는 것입니다.
  시험 보는 주에 해당되는 일일계획표에 그날그날 해야 할 시험범위를 시간대에 맞게 꼼꼼히 기록해봅시다.

3

시험불안 감소전략

"저는 시험 보기 일주일 전부터 불안해져서 신경이 날카로워져요.
그리고 시험을 볼 때 너무 긴장해서 기억이 하나도 안 날 것 같아 불안해요.
공부를 잘하는 아이들을 보면 긴장을 하나도 안 하는 것 같은데, 너무 부러워요."

─   여러분 중에도 이처럼 시험을 앞두고 불안하고 초조해서 공부가 잘되지 않는 친구가 있나요?
혹은 꼭 시험 기간만 되면 몸이 아픈 친구들이 있나요? 걱정을 넘어서 시험에 대해 공포감을 느끼는
경우도 있을 것입니다.

시험불안이 높은 학생들은 시험을 준비하는 동안 큰 스트레스를 경험할 뿐만 아니라 시험결과도 평
소 실력보다 좋지 않은 경우가 많습니다.

실제로 시험불안 정도와 수능 성적 간의 관계를 조사한 한 연구 결과 시험불안이 높은 학생의 점수
가 그렇지 않은 학생보다 평균 9점 정도 낮은 것으로 나타났습니다. 1~2점으로 당락이 결정되기도
하는 중요한 시험에서 시험불안으로 인해 자신의 실력을 충분히 발휘하지 못한다면 정말 속상한 일
일 것입니다.

물론 시험을 앞두고 불안감을 느끼는 것은 당연한 현상이기 때문에 시험불안을 무조건 나쁜 것이라
고 볼 수는 없습니다. 그러나 지나친 불안감으로 인해 집중력, 기억력, 판단력 등에 어려움이 생길
수 있으므로, 이번 시간에는 이러한 시험불안을 다스리는 방법에 대해서 알아보도록 하겠습니다.

★ 이번 시간에 배울 내용

• 시험불안이란 무엇인가?   • 시험불안에 대처하는 방법은 무엇일까?

• 불안을 일으키는 생각은 무엇일까?

나의 시험불안 정도는?

● **아래의 문항들을 읽고 나에게 해당되는 것에 ∨표 하세요.**

문 항	∨표
1. 시험 보기 전이나 시험 보는 중에 손바닥이 땀에 젖는다.	
2. 시험 보는 동안 가끔 시야가 흐려진다.	
3. 시험 볼 때, 심장 박동이 빨라지는 것이 느껴진다.	
4. 나는 열심히 공부하지만 시험을 잘 치르지는 못한다.	
5. 시험 중에도 다른 학생보다 내가 얼마나 못 볼지에 대해 걱정한다.	
6. 시험 보는 중에 내가 답할 수 없었던 시험문항에 대해 생각한다.	
7. 시험 보는 중에도 나쁜 결과가 나올 것에 대해 걱정한다.	
8. 시험 볼 때, 불안하고 초초하다.	

총점 :

● **체크된 항목 모두 각각 1점으로 계산해서 총점을 내보세요.**

(1~2점) ➔ 시험을 앞두고 적당한 긴장감을 느낍니다.

(3~4점) ➔ 시험에 대한 긴장감이 다소 많은 편입니다.

(5~6점) ➔ 시험에 대한 긴장감이 많은 편입니다.

(7~8점) ➔ 시험불안일 가능성이 있습니다.

시험불안이란?

● 지금까지 시험을 여러 번 치렀음에도, 시험만 다가오면 불안해서 공부에 집중하지 못하거나 시험을 망치는 경험을 하기도 합니다. 여러분의 경우는 어떤가요?

● **불안할 때 우리는?**

불안할 때, 특히 시험공부를 하는 동안이나 시험 중에 불안하면 어떤 모습으로 나타날까요? 빈칸에 각각 적어봅시다.

몸(신체)의 변화

주로 드는 생각

행동의 변화

주로 느끼는 감정

적당한 긴장의 중요성

시완이는 지금 노래 오디션을 앞두고 있습니다. 앞에서 잘하는 참가자들을 보니 긴장이 되나 봅니다. 우리의 마음 상태에 따라 수행 결과는 어떻게 달라질까요? 다음 보기 중에서 골라봅시다.

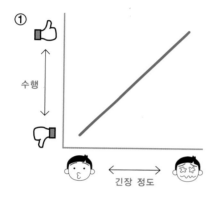

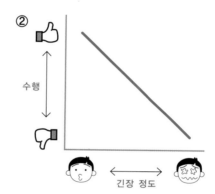

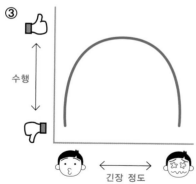

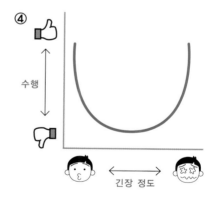

> 왜 그럴까요?

불안을 일으키는 생각 바꾸기

● **생각에 따라 변하는 감정**

다음 그림을 보고 같은 상황에서 1번처럼 생각할 때와 2번처럼 생각할 때 어떤 차이가 있는지 살펴봅시다. 결과는 어떻게 달라졌나요?

시험기간이라 독서실에 가는 중...

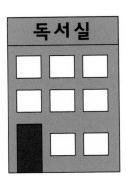

● 생각, 감정, 행동의 삼각관계 (생각 → 감정 → 행동 → 생각)

우리의 감정과 행동은 생각의 영향을 받게 됩니다. 앞의 예시처럼 같은 상황에서도 어떻게 생각하는지에 따라 뒤따라오는 감정과 행동은 달라질 수 있습니다. 내가 다음 상황에 처해 있다면, 어떤 생각이 들어갈 수 있을지 빈칸에 한번 채워봅시다.

시험공부를 하는데 모르는 내용이 너무 많다.

좌절감에 포기한다.

더 의욕적으로 노력한다.

시험불안 줄이기 — 생각 바꾸기

여러분은 시험에 대해 어떤 생각을 가지고 있나요? 시험은 생각만으로도 괴롭고 짜증 나는 존재인가요? 무섭고 도망가고 싶은 존재인가요? 아니면 이겨내고 싶은 도전 거리인가요? 그냥 스쳐 지나가는 것처럼 보이는 이러한 생각들은 우리에게 아주 중요한 영향을 줍니다.

불안을 일으키는 생각 바꾸기

- **나를 불안하게 만드는 '마음속의 말'**

시험을 앞두고 나를 불안하고 초조하게 만드는 생각들은 어떤 것들이 있나요?

● 불안을 줄여주는 '마음속의 말'

시험에 대한 불안감, 자신 없는 태도를 바꾸고 싶다면 나의 부정적인 '마음속의 말'을 긍정적으로 바꿔보세요. '열심히 준비했으니까 잘 볼 수 있을 거야', '시험 때 불안한 건 당연한 거야'와 같은 생각들을 되뇌거나, 자신이 원하는 모습을 계속 그려보며 할 수 있다는 다짐을 하면, 결국은 그 목표에 다다를 수 있게 될 뿐만 아니라 자신감도 커집니다.

부정적 '마음속의 말'

긍정적 '마음속의 말'

ex 이번 시험도 망했어 ㅠ_ㅠ

> ex 결과는 끝까지 해봐야 알 수 있어. 최선을 다해보자!

시험불안 줄이기 – 이완법

✌ 긴장을 낮춰주는 이완법

● **마음속의 그림 바꾸기**

여러분은 '시험' 하면 어떤 장면이 떠오르나요? 글로 적어보거나 간단하게 그림으로 그려봅시다.

실수했던 모습, 모르는 문제가 나와서 당황해하는 모습, 시간이 부족해 급하게 문제를 풀어나가는 모습, 엉망인 성적표를 받고 걱정하고 있는 자신의 모습, 부모님의 실망하는 모습... 이런 장면들이 떠오르지는 않나요?

어떤 경우, 영화 속 한 장면처럼 머릿속에 떠오르는 이미지로 인해 긴장감과 불안감이 커지기도 합니다. 시험불안을 겪고 있는 사람들은 시험과 관련된 부정적인 장면들을 계속해서 떠올리며 불안감을 키우게 됩니다.

머릿속에 자주 떠올리는 장면인 심상(image)은 '마음속의 말'과 같은 효과를 가지고 있습니다. 따라서 시험과 관련된 부정적인 장면을 긍정적으로 바꾼다면 걱정과 불안은 줄어들고, 안정되고 편안하게 시험을 준비하고 치를 수 있습니다.

> 아래의 빈 말풍선에 시험 당일, 자신이 원하는 장면을 상상해서 기록해보세요.
  그리고 시험과 관련된 부정적인 장면이 떠오를 때마다 여기에 쓴 이미지로
  바꾸는 연습을 해보세요.

● 호흡 훈련

우리의 신체감각, 생각, 행동은 관련이 많습니다. 불안과 연관된 몸의 반응 중 하나인 호흡은 불안과 긴장을 감소시키는 데 큰 효과가 있습니다. 따라서 호흡을 잘 조절하게 되면 과도한 긴장, 불안과 관련된 여러 가지 신체 감각들도 함께 변화시킬 수 있으며, 주의집중력을 높일 수 있어 학습능력도 좋아질 수 있습니다. 지금부터, 선생님의 지시에 따라 호흡 훈련을 시작해보겠습니다.

〈호흡 훈련하기〉

두 손을 배꼽 위에 올려놓으세요.

눈을 가볍게 감고 입을 다물고
깊숙이 '코'로 숨을 들이쉬세요.

잠깐 숨을 멈췄다가 '입'으로 천천히 내쉬세요.

숨을 들이쉬면서 배를 풍선처럼 부풀렸다가 내쉬면서
풍선에서 바람이 빠지듯이 배를 집어넣으세요.
가슴은 고정시킵니다.

호흡을 하면서 온몸의 근육이 편안해지는
느낌을 갖도록 해보세요.

6 이 과정을 세 번 반복합니다.

 **회기 요약**

시험불안 감소전략

★ 시험을 앞두고 적당한 수준의 긴장, 불안감을 경험하는 것은 시험에 대한 준비를 철저히 하게 하며 수행의 [　][　][　] 을 높일 수 있습니다.

★ 그러나 [　][　] 한 불안감은 공부에 집중하는 것을 방해하며, 높은 수준의 긴장감으로 시험을 앞둔 중요한 시기에 컨디션 조절에 실패하기도 합니다.

★ 시험에 대한 과도한 불안감은 대개 시험 결과에 대한 부정적인 생각, 실패에 대한 염려와 같은 부정적인 생각에서 발생하는 경우가 많습니다. 따라서 불안을 일으키는 생각을 [　][　] 적인 방향으로 바꾸는 연습이 필요합니다.

★ 시험불안은 긴장을 낮춰주는 **이완법 – 심상바꾸기**와 **호흡 훈련**을 통해서도 조절할 수 있습니다.

★ 시험을 볼 때, 실수로 틀리는 일이 발생하지 않도록 주의할 점들을 숙지해야 합니다.

과 제

생각 바꾸기 연습

– 이번 시간에 배운 '생각 바꾸기'는 시험불안을 줄일 때뿐만 아니라 공부에 자신감이 없을 때, 대인관계에서 화가 날 때 등 여러 상황에 적용해볼 수 있습니다. 한 주 동안 여러 가지 상황 속에서 부정적인 감정들을 일으키는 생각들을 찾아서 적어본 후, 그것을 긍정적인 생각으로 바꿔봅시다.

❶ 상황 :

마음속의 말	그에 따른 감정	뒤따르는 행동

❷ 상황 :

마음속의 말	그에 따른 감정	뒤따르는 행동

❸ 상황 :

마음속의 말	그에 따른 감정	뒤따르는 행동

4

실수를 통해 성장하는
시험관리법

오답노트의 작성과
스트레스를 다루는 방법

전 세계적으로 인기를 모은 '해리포터' 시리즈의 작가, 조앤 롤링의 이야기를 들어볼까요? 지금과 같은 큰 성공을 이루기 전의 과정은 어땠을까요?

"저는 7년 동안 엄청난 실패를 겪었습니다.
결혼 생활을 오래 하지 못했으며 실업자 신세에 가난까지 닥쳐왔습니다.
누가 봐도 전 실패한 사람이었습니다.
그러나 실패가 제 삶에서 불필요한 것들을 제거해주었습니다. 제가 가장 두려워하던 실패가 현실이 돼
버렸기 때문에 오히려 저는 자유로워질 수 있었습니다. <u>가장 밑바닥이 제가 인생을 새로 세울 수 있는</u>
<u>단단한 기반이 되어 준 것입니다.</u> 실패 없이는 진정한 자신에 대해 알 수 없습니다.
세상을 바꾸는 데 마법은 필요 없습니다. 우리 내면에 이미 그 힘은 존재합니다."

─ 이처럼 자신이 했던 것들을 되돌아보고 실수와 실패를 점검하며 앞으로를 대비하는 모습은 공부를 하는 데 있어서, 특히 시험공부를 하는 데 있어서 무척 중요합니다. 시험에서 실수와 실패를 점검하기 위해서는, 틀린 문제를 다시 풀어보고 정리하는 오답노트를 작성하는 것이 필요합니다. 이번 시간에는 오답노트의 필요성, 구체적인 방법 및 시험에 보다 긍정적으로 대처하는 자세, 스트레스 대처 전략에 대해 배워보겠습니다.

★ 이번 시간에 배울 내용

• 시험이 끝난 후에는 무엇을 해야 할까?   • 시험을 잘 못 봤을 때 어떻게 극복할까?
• 오답노트는 어떻게 만들고 활용할 수 있을까?   • 스트레스는 무엇이고 어떻게 이겨낼 수 있을까?

나의 스트레스 정도는?

● **아래의 문항들을 읽고, 나에게 해당되는 것에만 ∨표 하세요.**

문 항	∨표
1. 부모님의 잔소리가 너무 심하다.	
2. 최근에 성적이 많이 떨어졌다.	
3. 친구들과 말다툼을 자주 한다.	
4. 친구들이 나를 오해해서 힘들 때가 많다.	
5. 부모님과 의견 충돌이 심하다.	
6. 부모님이 다른 사람과 기분 나쁘게 비교할 때가 있다.	
7. 해야 할 일이 너무 많다.	
8. 배우는 내용이 어려워 도저히 따라갈 수 없다.	

총 개수 :

● **∨ 표시한 문항의 개수를 세어보세요. 여러분의 스트레스는 어느 정도인가요?**

(1~2개) ⟶ 약간의 스트레스를 받고 있습니다.

(3~4개) ⟶ 스트레스가 많은 편입니다.

(5~6개) ⟶ 스트레스가 심한 수준입니다.

(7~8개) ⟶ 스트레스가 극심한 수준입니다.

나의 시험 과정에 대해 생각해보기

● 시험 보기 전, 시험 중, 시험이 끝난 후 나의 모습은 어떤가요?

● 나의 총에너지를 100%로 생각했을 때, 시험 전 – 중 – 후에 쓰는 에너지가 얼마나
되는지 각각의 칸에 써보세요. *세 칸의 합은 100이 되어야 합니다.

시험 전	시험 중	시험 후
%	%	%

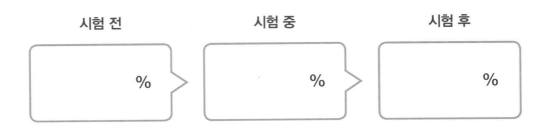

만약에 똑같은 시험을 다시 치른다면?

● 만약 가장 최근에 봤던 시험을 그대로 다시 본다면, 얼마나 더 좋은 성적을 받을 수 있을까요? 점수에 어떤 변화가 있을까요? 그리고 그렇게 생각하는 이유에 대해서도 써봅시다.

예상 점수는?	그렇게 생각한 이유는?

실패를 되풀이하지 않으려면?

혹시 바둑 경기를 본 적이 있나요?

한 가지 흥미로운 점은, 바둑이 끝났는데도 기사들이 자리에서 일어나지 않는다는 것입니다. 바둑기사들은 그대로 자리에 앉아, 중간의 승부처 부분을 복기*해 봅니다. 두 기사가 마주 앉아 한 사람이 다르게 진행한다면 상대방은 어떻게 받아줄 것인가에 대해 의견을 서로 주고받는 것이지요.

복기는 다시 한 번 전체적인 흐름과 승부처, 이기거나 지고 있는 상황에서 대응할 해결책을 즉석에서 마련해보는 좋은 습관입니다. 이렇게 힘들게 복기를 하는 이유는 무엇일까요?

***복기** : 바둑에서 한 번 두고 난 바둑의 판국을 비평하기 위하여 두었던 대로 다시 처음부터 놓아보는 일.

시험 후에 해야 하는 일들

바둑기사들이 복기를 하는 것처럼 실패나 어려움은 누구나 겪지만 그 이후에 그것을 어떻게 이겨내느냐가 더 중요합니다.

그럼 시험을 본 이후에는 어떤 것을 해야 할까요? 시험이 끝난 후에 더 해야 할 것이 있을까요? 무엇을 해야 할지 하나하나 생각해봅시다.

1. 시험이 다 끝난 마지막 날에 시험지를 ▢▢ 해본다.

2. ▢▢ 문제는 반드시 다시 풀어본다.

3. ▢▢▢ 맞았거나 정답이 잘 ▢▢ 되지 않을 때에도 다시 풀어본다.

4. 중요하거나 어려운 과목이라면 이 문제들에 대한 ▢▢▢▢▢ 를 만든다.

오답노트 작성의 원칙

● **오답정리가 필요한 문제**

오답정리가 필요한 경우는 어떤 것들일까요? 말풍선 안에 써봅시다.

● 오답노트 작성 시 주의할 점

오답노트를 만드는 이유는, 내 공부에 좀 더 도움
이 되도록 하기 위함입니다. 그렇지만 간혹 보면
오답노트를 만드는 데 너무 많은 시간을 소비하
는 친구들이 있습니다. 이는 마치 목적과 수단이
뒤바뀐 양상이라 할 수 있습니다.

1. 오답노트는 필요한 과목 ☐ ~ ☐ 개만 작성하라!

2. 처음부터 ☐☐ 한 노트를 만들려고 하지 마라!

3. '☐☐☐ ☐☐☐'의 달인이 되자!

4. 모든 오답노트는 노트 ☐ 권에!

오답노트 작성의 실제

〈 오답노트 작성 예시 1 〉

과목 : 수학		날짜 : ㅇㅇㅇㅇ년 4월 24일
문제 출처	교재명 : ∞수학　　　페이지 : p. 17	문제 번호 : 2

문제 쓰기	틀린 이유
10% 소금물 200g과 15% 소금물 300g에서 각각 똑같은 소금물을 빼서 바꿔 넣어서 농도가 같게 하려면 얼마만큼의 소금물을 바꿔야 할까?	[V] 개념 이해 부족 [ ] 문제 이해 부족 [ ] 문제 잘못 읽음 [ ] 단순 계산 실수 [ ] 기타 :

풀이 과정

시행 전　A 용기 : 10% 소금물 200g

　　　　　B 용기 : 15% 소금물 300g

시행 후　A 용기 : 10% 소금물 (200-x)g + 15% 소금물 xg

　　　　　B 용기 : 15% 소금물 (300-x)g + 10% 소금물 xg

시행 후의 두 용기에 들어 있는 소금물의 농도가 같다. 이때, x의 값은?

[풀이]

시행 후 A 용기 농도 a%

$$a = \frac{1}{200}\left\{\frac{10}{100}(200-x)+\frac{15}{100}x\right\}\times100 = (20+\frac{1}{2}x)=\frac{5}{100}(60+\frac{1}{6}x)\frac{15}{100}$$

시행 후 B 용기 농도 b%

$$b = \frac{1}{300}\left\{\frac{15}{100}(300-x)+\frac{10}{100}x\right\}\times100 = (45\frac{1}{3}x)=\frac{5}{100}(90+\frac{1}{6}x)\frac{10}{100}$$

a=b 이므로 $60+\frac{15}{100}x = 90 - \frac{10}{100}x$

$$\frac{25}{100}x=30 \quad \therefore \ x=120$$

틀린 문제 반복 학습일

[V] 정리 당일　　　[V] 일주일 후　　　[ ] 이 주일 후　　　[ ] 한 달 후　　　[ ] 한 학기 후

〈 오답노트 작성 예시 2 〉

과목 : 영어			날짜 : 0000년 5월 12일
문제 출처	교재명 : ∞영어	페이지 : p. 105	문제 번호 : 5

문제 쓰기

다음 문장의 어색한 부분을 찾아 바르게 고치시오.

(1) Hawaii is more beautiful island in the world.

(2) She is very prettier than her younger sister.

틀린 이유

[   ] 핵심단어를 알지 못해서
[V] 관련 문법을 알지 못해서
[   ] 지문을 해석하지 못해서
[   ] 단순 시간 부족
[   ] 기타 :

풀이 과정

(1) Hawaii is <u>more</u> beautiful island in the world.
  ~~the~~ most

┌ 비교급 : 형용사/부사의 비교급 + than
└ 최상급 : the + 형용사/부사의 최상급 (+명사) + in(of)~

※ 3음절 이상의 단어와 -ful, -able, -less, -ous, -ing로 끝나는 것은 most를 씀.
   ex) beautiful-more beautiful-most beautiful

(2) She is <u>very</u> prettier than her younger sister.
  ~~much~~

※ 비교급을 강조하는 부사 : far, much, a lot, still, even + 비교급
   해석 : "훨씬 더~"

틀린 문제 반복 학습일

[V] 정리 당일   [V] 일주일 후   [   ] 이 주일 후   [V] 한 달 후   [   ] 한 학기 후

스트레스 제대로 알기!

스트레스란, 개인의 안정을 위협하는 [   ][   ]에 대해 스스로를 보호하기 위한 신체적/심리적 [ ][ ]이라고 할 수 있습니다.

> 내가 최근에 시험 이외에 받은 스트레스는 무엇인가요? 아래에 써 봅시다.

스트레스의 원인

● **스트레스는 여러 가지 일들이 원인이 되어 일어날 수 있습니다. 대표적인 스트레스의 원인들을 살펴봅시다.**

1. 가장 일반적으로 스트레스를 받는 상황은, 내가 할 수 있는 일보다 해야 할 일이 너무 많은 경우입니다. 즉, 내 능력을 넘어서는 많은 일들이 몰아칠 때 우리는 큰 스트레스를 경험합니다.

> **ex** 시험 보기 전에 벼락치기를 하게 되면 시간에 비해 공부해야 할 내용이 너무 많기 때문에 공부에 대한 부담감이 커지게 되고 이때 스트레스를 경험
>
> ➤ 스트레스의 첫 번째 원인은 ☐ ☐

2. 우리는 원하는 것이나 목표를 얻지 못했을 때에도 스트레스를 받습니다.

> **ex** 좋은 성적을 받고 싶었는데, 시험 결과가 좋지 않은 경우
>
> ➤ 스트레스의 두 번째 원인은 ☐ ☐

3. 가깝고 중요한 사람과 서로 원하는 것이나 의견이 달라 충돌하게 되고 자주 문제를 겪게 되면 스트레스를 경험하게 됩니다.

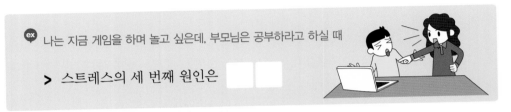

ex 나는 지금 게임을 하며 놀고 싶은데, 부모님은 공부하라고 하실 때

> 스트레스의 세 번째 원인은 ☐☐

4. 학년이 바뀌거나 상급 학교에 진학하게 되면 이제까지의 삶과는 많은 것이 달라집니다. 공부의 내용과 양도 바뀌고, 학교 환경과 분위기, 친구들도 모두 달라지기 때문에 적응하기 위한 노력이 필요합니다. 이런 적응의 노력이 스트레스가 되기도 합니다.

ex 전학

> 스트레스의 네 번째 원인은 ☐☐

스트레스의 가치

● 이 사진들은 누구의 발일까요?

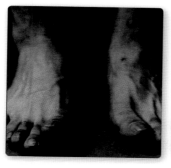  

● 이 사진들의 발이 의미하는 것은 무엇일까요?

스트레스의 영향

● **평상시 모습과 비교할 때 스트레스를 받으면 우리는 어떻게 달라질까요?**

스트레스를 받으면 기분이 나빠집니다. 대부분의 경우에는 힘들고 지친 기분을 느끼지만, 화가 나거나 ☐☐ 이 날 수도 있습니다. 속상하거나 누군가를 원망하는 마음이 들기도 하고, 슬프고 ☐☐ 한 기분이 되기도 합니다.

기분이 달라지면 우리 몸에도 변화가 나타납니다. 스트레스를 받으면 ☐☐ 이 되고 가슴이 뛰는데 이런 일들은 모두 교감신경계의 활동 때문입니다.

"이런 이유들 때문에, 스트레스를 잘 다루는 방법을 터득하는 것은 건강한 삶은 물론 공부를 하는 데 있어서도 매우 중요합니다."

우리의 생각도 영향을 받습니다. 스트레스 받는 일에 대해서 자꾸만 ☐☐ 하고 당장 무슨 일이 일어날 것만 같은 생각이 들기도 합니다. 그러면 ☐☐☐ 이 떨어지고 공부에도 지장이 있을 뿐만 아니라 일상생활에도 큰 방해가 될 수 있습니다.

우리들이 경험하는 스트레스

● **다음 사례를 읽고 어떻게 대처하는 게 좋을지 조원들과 상의해서 여러 가지 해결책을 찾아봅시다.**

(시험 성적을 부모님께 보여드린 후)

아버지 : 야, 한마음, 성적이 왜 이 모양이냐? 힘들게 과외 시키고 학원도 보내고 했더니만 이것 밖에 못 받아와? 아빠는 과외 한 번 안 받고도 공부 잘했다.

어머니 : 아니, 당신 학교 다닐 때랑 똑같아요? 다른 아이들은 이것보다 훨씬 더 많이 한다고요. 아무래도 마음이 과외 선생님 바꾸고, 학원보다 과외를 더 늘리는 게 낫겠어요.

마음 : (한숨을 푹 쉬며) 엄마, 저 지금도 너무 힘들어요. 매일 집에 오면 밤 11시, 12시라고요.

어머니 : 요즘 아이들 다 그렇게 하는데 왜 너만 이렇게 힘들어하니? 엄마, 아빠는 돈이 뭐 땅 파서 나오는 줄 알아? 다 너 잘돼서 하고 싶은 것 하면서 살라고 그러는 거 아냐. 어쩜 아직도 이렇게 철이 안 드니?

아버지 : 자기가 못하겠다는데 아무것도 시키지 마. 저런 녀석은 공부하고 싶어도 돈이 없어서 못하는 아이들 심정이 어떤지 좀 느껴봐야 해. 지금 하고 있는 학원이랑 과외 다 때려치워!

> 마음이의 현재 스트레스는 무엇인가요?

....

> 만일 나의 상황이라면 어떻게 대처하는 것이 좋을까요? 혹은 마음이에게 도움을 준다면 어떻게 할 수 있을까요?

....

....

....

스트레스에 잘 대처할 수 있는 방법은?

1. 스트레스의 [   ] 면에 대해서도 생각해본다.

   정상적인 스트레스는 우리에게 더 큰 배움을 위한 도전과 성장의 기회를 준다.

2. 스트레스 증상을 인지하고 그에 대해 자세히 알아본다.

3. 원인이 무엇인지 다시 생각해본다. 모든 일의 원인은 [   ] 속에도 있고,

   [   ] 에게도 있다. 부정적인 일과 긍정적인 일 모두 스트레스의 원인이 될 수

   있다.

4. 스트레스를 일으킬 수 있는 [   ] 이나 [   ] 에 대해 이해하는 것이

   필요하다.

5. 다른 [   ] 은 없는지 곰곰이 생각해본다.

   모든 일에는 항상 더 좋은 [   ] 이 있기 마련이다.

6. [   ] 를 실천해본다.

7. [   ] 의 도움을 구한다. 백지장도 맞들면 낫다.

자기주도적 학습전략 정리

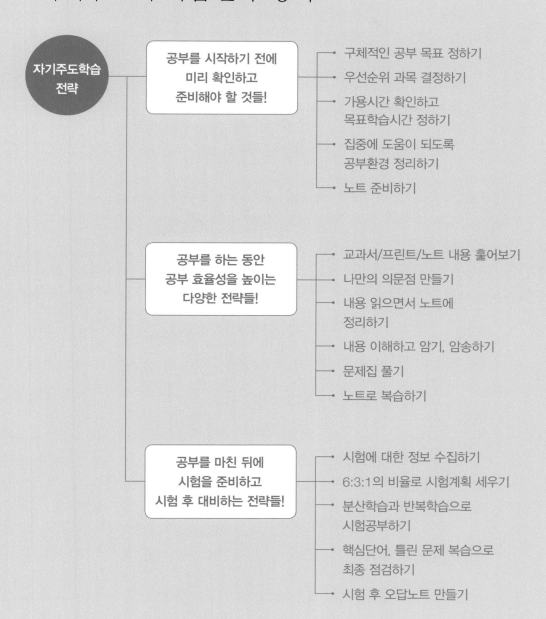

자기주도학습 전략

공부를 시작하기 전에 미리 확인하고 준비해야 할 것들!
- 구체적인 공부 목표 정하기
- 우선순위 과목 결정하기
- 가용시간 확인하고 목표학습시간 정하기
- 집중에 도움이 되도록 공부환경 정리하기
- 노트 준비하기

공부를 하는 동안 공부 효율성을 높이는 다양한 전략들!
- 교과서/프린트/노트 내용 훑어보기
- 나만의 의문점 만들기
- 내용 읽으면서 노트에 정리하기
- 내용 이해하고 암기, 암송하기
- 문제집 풀기
- 노트로 복습하기

공부를 마친 뒤에 시험을 준비하고 시험 후 대비하는 전략들!
- 시험에 대한 정보 수집하기
- 6:3:1의 비율로 시험계획 세우기
- 분산학습과 반복학습으로 시험공부하기
- 핵심단어, 틀린 문제 복습으로 최종 점검하기
- 시험 후 오답노트 만들기

과 제

학습 전략 적용하고 소감 적기

– 우리는 지금까지 주도적 학습에 도움이 되는 다양한 전략들을 배웠고, 과제를 통해 그 전략을 적용하고
연습도 해보았습니다. 각각의 전략들을 어느 정도 적용해보고 연습해보았는지 평가해봅시다.

학습 전략	적용 정도(%)
1. 진로 목표를 기억하고 공부하는 데 적용하려 노력했나요?	0-10-20-30-40-50-60-70-80-90-100
2. 공부 목표를 세우고 이를 실현하기 위해 노력했나요?	0-10-20-30-40-50-60-70-80-90-100
3. 플래너를 통한 시간관리를 꾸준히 실천했나요?	0-10-20-30-40-50-60-70-80-90-100
4. 집중에 도움이 되도록 공부환경을 늘 정리하고 관리했나요?	0-10-20-30-40-50-60-70-80-90-100
5. 집중력 향상에 도움이 되는 전략들을 실제로 사용했나요?	0-10-20-30-40-50-60-70-80-90-100
6. 수업 전 – 중 – 후에 각각 해야 할 일들을 실천했나요?	0-10-20-30-40-50-60-70-80-90-100
7. 필요한 과목을 노트로 정리하고 복습 때 사용했나요?	0-10-20-30-40-50-60-70-80-90-100
8. 효과적인 책읽기 전략에 따라 교과서를 읽고 정리했나요?	0-10-20-30-40-50-60-70-80-90-100
9. 기억력 향상에 도움이 되는 전략들을 실제로 사용했나요?	0-10-20-30-40-50-60-70-80-90-100
10. 체계적으로 시험을 준비하고, 시험 후 정리하는 시간을 가졌나요?	0-10-20-30-40-50-60-70-80-90-100

학습 전략 전체적인 적용 점수는? : _____ 점

▶ 앞으로 더 신경 써야 할 것은?

학습 전략의 종류	어떤 점을 신경 써야 할까?

오답노트 작성하기

– 한 과목을 골라, 실제 자신이 틀린 문제를 다음 오답노트 양식에 직접 작성해봅시다.

과목 :			날짜 :	
문제 출처	교재명 :	페이지수 :		문제 번호 :

문제 쓰기	틀린 이유
	[　　] 개념 이해 부족 [　　] 문제 이해 부족 [　　] 문제 잘못 읽음 [　　] 단순 계산 실수 [　　] 기타 :

풀이 과정

틀린 문제 반복 학습일

[　　] 정리 당일　　　[　　] 일주일 후　　　[　　] 이 주일 후　　　[　　] 한 달 후　　　[　　] 한 학기 후

핵심단어	수업내용 정리

핵심단어	수업내용 정리

박동혁

아주대학교 심리학과에서 학습과 정신건강에 대한 주제로 임상심리학 석사와 박사 학위를 취득했고 아주학습능력개발연구실(ALADIN)을 운영하며 청소년 학습문제에 대한 프로그램과 검사를 개발하였다. 2007년부터 심리상담센터 '마음과 배움'을 운영하고 있고, 아주대학교 교육대학원 겸임교수, 원광디지털대학 심리학과 초빙교수로 재직 중이며 '학습심리' '진로상담' '행동수정' '이상심리' '심리치료' 등의 과목을 강의하고 있다. 이 외에 각급 교육청 및 상담 기관을 대상으로 학습, 인성, 진로에 대한 강연을 정기적으로 진행하고 있다. KBS, MBC, EBS 등의 방송에서 청소년 상담과 정신건강에 대한 주제로 다양한 방송 활동도 이어가고 있다. 대표 저서로는 MLST 학습전략검사, MindFit 적응역량검사, KMDT 진학진단검사, LAMP 워크북 시리즈, 하루5분 양육기술, 부모교육 및 상담 등이 있다.

LAMP WORKBOOK
PART 5 EE
시험준비 능력 향상 프로그램 (학생용)

2014년 5월 15일 1판 1쇄 발행
2024년 8월 20일 1판 7쇄 발행

지은이 • 박동혁
펴낸이 • 김진환
펴낸곳 • (주) **학지사**
          04031 서울특별시 마포구 양화로 15길 20 마인드월드빌딩
대표전화 • 02)330-5114   팩스 • 02)324-2345
등록번호 • 제313-2006-000265호

홈페이지 • http://www.hakjisa.co.kr
인스타그램 • https://www.instagram.com/hakjisabook

ISBN 978-89-997-0411-6 04370
        978-89-997-0401-7 (set)

정가 8,000원

이 도서의 국립중앙도서관 출판시도서목록(CIP)은 서지정보유통지
원시스템 홈페이지(http://seoji.nl.go.kr)와 국가자료공동목록시스템
(http://www.nl.go.kr/kolisnet)에서 이용하실 수 있습니다.
(CIP제어번호: CIP2014014441)

출판미디어기업 학지사

간호보건의학출판 **학지사메디컬** www.hakjisamd.co.kr
심리검사연구소 **인싸이트** www.inpsyt.co.kr
학술논문서비스 **뉴논문** www.newnonmun.com
교육연수원 **카운피아** www.counpia.com
대학교재전자책플랫폼 **캠퍼스북** www.campusbook.co.kr